DOROTHEA FLECHSIG arbeitete viele Jahre als
Journalistin für verschiedene Zeitungen und
Magazine. Inzwischen veröffentlicht sie Geschichten
für Kinder. Sie absolvierte eine Ausbildung zur
Drehbuchautorin und unterrichtet Erwachsene
und Kinder im Kreativen Schreiben.

CHRISTIAN PUILLE studierte Kommunikationsdesign
in Augsburg und an der University of Ulster, Belfast.
Er arbeitet als Illustrator, Storyboarder, Produktions-
designer und gibt Workshops an mehreren Hoch-
schulen.

Dorothea Flechsig

Petronella Glückschuh

Tierkindergeschichten

Illustrationen von Christian Puille

Glückschuh Verlag

Gemeinsame Veröffentlichungen von
Dorothea Flechsig und Christian Puille:

Petronella Glückschuh – Tierkindergeschichten
Sandor – Fledermaus mit Köpfchen
Sandor – Abenteuer in Transsilvanien

Die Bücher sind auch als Hörbuch erhältlich.

© 2011 Glückschuh Verlag
Alle Rechte vorbehalten
Illustrationen: Christian Puille
Satz: Uta Munzinger
Druck und Bindung: GGP Media GmbH, Pößneck
Printed in Germany 2011

Buch: ISBN 978-3-943030-01-3
eBook: ISBN 978-3-943030-11-2

www.glueckschuh-verlag.de

INHALT

**Petronella ist ungefähr
so alt wie du!**

Petronella

Wenn Petronella groß ist, wird sie Tierforscherin. Das steht fest. Sie wird in die Antarktis reisen und Wüsten durchqueren. Mit einem Fernglas in der Hand wird sie lautlos wie eine Schlange über den staubigen Prärieboden kriechen und die unglaublichsten Tiergeschichten aufdecken, die die Welt je gehört hat.

Sie wird über Meere segeln und die höchsten Berggipfel erklimmen. Sie wird im Regenwald Insekten entdecken und ihnen einen Namen schenken. Vielleicht bringt sie den Affen auch Lesen bei oder einem Tiger Pfötchen geben.

Ihre Hündin Kordel kann schon durch Reifen springen und bis drei zählen. Dank Petronella.

Die lebt vorerst, bis sie alleine mit ihren Reisen in die Ferne beginnen kann, in dem kleinen Dorf Bergluch. Hier kennt sie jeden und jeder kennt sie.

Das ist auch gar nicht so schwer, weil Petronella sich jeden Tag viel herumtreibt. Jede freie Minute ist sie unterwegs. Nicht selten muss Petronellas Vater sie am späten Abend noch suchen gehen und nach Hause holen.

Philine, Petronellas ältere Schwester, macht ihren Eltern nicht so viele Sorgen. Philine ist sogar Klassensprecherin und schreibt fast immer gute Noten.

Petronella hingegen schwänzt bereits seit der ersten Klasse an manchen Tagen die Schule. Das gibt immer wieder richtig Ärger.

Petronella liebt das Leben und die Freiheit, doch am meisten liebt sie Tiere.

Manchmal ist sie ein wenig traurig, dass sie nicht in einem Zirkuswagen geboren wurde. Aber das Leben auf dem Lande, im so vertrauten Bergluch, hat auch viel zu bieten. Denn, wenn jemand Ungewöhnliches entdeckt, ist es Petronella Glückschuh. Mit ihrer lustigen Zahnlücke, durch die sie hervorragend pfeifen kann, den wilden Haaren, den ein wenig abstehenden Ohren und ihrem getigerten Bonanza-Fahrrad ist Petronella immer dort, wo es was zu entdecken gibt.

Und wer kann ihren großen dunklen Augen schon lange böse sein?

Petronellas zahmes Reh

Petronella trampelt kräftig in die Pedale und neben ihr läuft Kordel. Wenn Petronella mit richtigem Affenzahn radelt, hüpfen die langen Schlappohren von Kordel lustig hoch und runter.

Kordel ist ein Irish Setter. Sie bekam ihren Namen als Babyhund. Denn als ganz junger Welpe musste sie am Kopf von einem Tierarzt genäht werden. Ein großer Hund hatte sie verletzt. Da der Faden am Kopf noch eine Weile zu sehen war, wurde sie ab diesem Tag Kordel genannt.

Der schmale Feldweg ist holprig und der alte Eimer auf ihrem Gepäckträger rappelt. Petronella dreht sich immer wieder um und schaut, ob ihr Eimer noch fest eingeklemmt ist, denn sie braucht ihn dringend.

Zwischen den beiden Dörfern Bergluch und Bernheide fließt ein schmales Flüsschen, in dem sie schon allerlei gefunden hat. Einen alten verrosteten

Schlüssel mit Verzierungen, farbige Scherben und glänzende Steine. Aber ihr schönster Fund war eine alte Porzellanmurmel.

Um alle ihre Schätze bequem nach Hause transportieren zu können, hat sie ihren roten Blecheimer mitgenommen.

Sie weiß ganz genau, an welcher Stelle sie diesmal suchen will. An einem ihrer Lieblingsplätze. Dort hängen die Äste der Birken bis übers Wasser und das Sonnenlicht bricht sich in den Zweigen.

Petronella steigt vom Fahrrad und krault Kordel liebevoll zwischen den Ohren. Sie lässt ihr Fahrrad im Gras am Feldrand liegen, zieht Schuhe und Socken aus und läuft barfuß ins Wasser.

Manche Steine sind gefährlich rutschig. Selten gibt es auch Blutegel im Bach, die man sich vom Leib halten muss. Kordel wühlt währenddessen auf der Wiese nach Mäusen. Das ist oft ihre Beschäftigung, wenn sich Petronella im Wasser herumtreibt, denn Kordel ist wasserscheu.

Vorsichtig fühlt Petronella Schritt für Schritt mit den Zehen den Boden ab, um auf nichts Kantiges zu treten. Sie hebt Steine hoch und manchmal sind kleine Wassertiere darunter. Dann wirft sie die Steine wieder zurück und lässt es dabei ordentlich spritzen.

Mit gesenktem Blick ist sie ganz und gar damit beschäftigt, durch die Wellenbewegungen des fließenden Wassers hindurch auf den Grund zu blicken.

Deshalb bemerkt sie es zuerst nicht. Doch Kordel spitzt ihre Ohren und beginnt laut bellend hin und her zu springen. Petronella ruft ihre Hündin. „Ruhig, was ist denn los?" Und dann sieht sie es auch. Mitten in der Wiese ist etwas und bewegt sich. „Ein Hase!", denkt Petronella. Sie pfeift laut. „Kordel, hier her, Fuß!" Aber Kordel denkt nicht daran zu gehorchen.

Petronella kommt näher. Es ist kein Hase. Mitten im Feld kauert ein junges Rehkitz, mit braunem kurzen Fell und weißen Punkten.

Petronella weiß von ihrem Vater, dass man Kitze nicht anfassen darf, weil sonst die Rehmutter den Menschen riecht und womöglich ihr Junges nicht mehr annimmt. So setzt sie sich ein wenig entfernt ins Feld und beruhigt erst einmal ihre Hündin.

„Ist ja gut, das ist nur ein kleines Reh", flüstert Petronella Kordel ins Ohr.

Petronella hat noch nie ein junges Reh so nah gesehen. Das Kitz wirkt sehr schwach und lässt müde den Kopf auf den Vorderläufen ruhen. „Vielleicht hat es lange nichts gefressen?", denkt Petronella und wird traurig. „Was soll nur mit dem kleinen, weißgefleckten Kitz passieren?", grübelt sie. „Hoffentlich hat es keine Tollwut!"

Petronella hatte mal gehört, dass tollwütige Tiere Schaum vor dem Maul haben. Doch dieses schwarze Schnäuzchen sieht ganz hübsch aus.

Petronella hat eine Idee. Sie nimmt Kordel an die Leine und versteckt sich hinter einem Haselnussstrauch.

„Pssst, Kordel! Von hier aus beobachten wir! Vielleicht passiert ja etwas."

Kordel legt sich brav neben Petronella ins Gras und hechelt. Das kleine Reh schaut in Petronellas Richtung und stößt einen seltsamen Laut aus. Kordel spitzt die Ohren. Petronella hört diesen Laut zum ersten Mal in ihrem Leben.

„Es ruft bestimmt nach seiner Mutter", sagt Petronella zu Kordel, die sich gerade hinterm Ohr kratzt. „Aber wo ist sie?"

Geduldig wartet Petronella. Aber es kommt kein Reh. Und das Kitz läuft auch nicht weg. Im Gegenteil, es schaut immer zum Haselnussstrauch und blökt und blökt. „Das arme Tier fühlt sich bestimmt ganz verlassen", denkt Petronella.

Es wird spät, und Petronella muss bald nach Hause. Was soll sie nur tun? „Ich kann es doch nicht einfach hier alleine lassen", denkt sie. Petronella weiß, dass Tiere, die wild im Wald leben, ihre Jungen manchmal einfach zurücklassen, wenn sie zu schwach sind. Und so fasst sie den Entschluss, das Kitz mitzunehmen und selbst zu pflegen.

Vorsichtig nähert sie sich dem jungen Reh und hält ihm beide Hände vor seine schwarze hübsche Schnauze. Es beginnt ihre Finger abzuschlecken und Petronella ist glücklich, denn sie hat das Gefühl, dass das Rehkitz nur darauf gewartet hat, von Petronella Glückschuh gefunden und gerettet zu werden.

Das Rehkitz ist zu schwach, um sich auf-
zustellen. „Aber wie kann ich es auf dem
Fahrrad mit nach Hause nehmen?" Das ist
unmöglich.

Schnell versteckt Petronella ihr Rad und
den Eimer im Gebüsch und nimmt das
kleine Reh vorsichtig in ihre Arme. Es ist
gar nicht so schwer. Petronella beginnt
das Rehlein nach Hause zu tragen. Es ist
ein weiter Weg zu Fuß. Aber das Rehlein
hält ganz still in Petronellas Armen. Und
endlich erreichen sie ihr Zuhause.

Petronellas Vater ist gerade dabei, den Rasen zu mähen. „Papa, Papa, ich habe ein Rehkitz mitgebracht!", schreit Petronella mit aufgeregter Stimme.

Es dauert keine fünf Minuten, und die ganze Familie sitzt um Petronella herum. Vater und Mutter machen ein nachdenkliches Gesicht. Das war ja klar. So sind eben Eltern. „Ein Reh ist kein Haustier. Rehe leben nicht im Garten, sondern im Wald", sagt Petronellas Vater. Doch auch er findet das Rehkitz süß.

Petronella erzählt jetzt die ganze Geschichte und erklärt allen, dass ihr Rehlein verhungern müsse, wenn sie es nicht behalten und füttern würde.

„Aber du bist keine Rehmutter", sagt ihr Vater und schüttelt nachdenklich den Kopf. „Und wir haben hier schon fast einen Bauernhof", fügt er streng hinzu.

Petronellas Vater ist Lehrer und bei jedem neuen Haustier sagte er immer: „Jetzt reicht es aber!" Später liebt er die Tiere dann aber fast so sehr wie Petronella.

Es wird Abend und für diese Nacht darf das Rehkitz bleiben. Aber gleich Morgen will Petronellas Vater den Förster um Rat fragen und erst dann entscheiden, was weiter zu tun ist.

Alle räumen schnell das Gartenhaus leer und legen Stroh und Heu auf den Boden. Dort darf sich das Rehlein erst einmal ausruhen. Es knabbert gleich am Heu, und Petronella ist glücklich, dass es sich wohl fühlt.

Am nächsten Tag fährt Petronellas Vater mit Petronella zum Förster. Der Förster ist zum Glück zu Hause und ein noch größeres Glück ist es, dass er keine Zeit hat. „Ich kann mich nicht noch um ein Kitz kümmern", sagt er.

Petronella betrachtet staunend den Schrank, in dem mehrere Gewehre stehen. An der Wand hängt über der Tür ein großes Hirschgeweih. Petronella nimmt vorsichtig ein Gewehr aus dem Schrank. Der Förster ist mit ihrem Vater ins Gespräch vertieft. Petronella will testen, wie schwer so ein großes Gewehr zu halten ist und legt es an. Sie schaut durch den Ziellauf.

„Bist du wahnsinnig!", schreit der Förster. Mit großen Schritten kommt er auf Petronella zu und nimmt ihr das Gewehr ab. „Das ist kein Spielzeug!" Er stellt es zurück in den Schrank und schließt die Schanktür ab.

Petronellas Vater verdreht die Augen so komisch. Das macht er immer, wenn er mit ihr schimpfen will, sich aber nicht traut, weil Fremde dabei sind.

„Willst du versuchen, das Kitz großzuziehen?", fragt der Förster Petronella.

„Wie bitte?" Petronella ist ganz erstaunt. „Oh ja!" Sie kann es kaum glauben. Der Förster drückt Petronella Milchpulver und ein Fläschchen in die Hand. Damit soll sie nun alle paar Stunden das Kitz füttern. Sie darf es also wirklich behalten!

Das ist ein toller Tag für Petronella Glückschuh. „Mein Nachname bringt eben immer Glück", sagt Petronella und verabschiedet sich besonders freundlich von dem Forstmann, den sie eigentlich blöd findet, weil er so viele Gewehre im Schrank hat.

„Noch ein Tier! Jetzt reicht es aber!", murmelt Petronellas Vater auf dem Weg nach draußen. Aber Petronella ist überglücklich und hüpft zum Auto, weil sie so schnell wie möglich nach Hause will.

Ab diesem Tag klingelt neben Petronellas Bett auch nachts alle vier Stunden der Wecker. Petronella steht immer brav auf und macht ihrem Rehkitz schlaftrunken das Fläschchen.

Nach ein paar Tagen ist Petronella so müde, dass sie beim Frühstück am Tisch fast einschläft. Den Mathetest hat sie auch verhauen. Kein Wunder bei so unruhigen Nächten.

„Wir müssen uns abwechseln", schlägt Petronellas Vater vor. „Du musst mal wieder richtig schlafen!"

Jetzt lassen auch ab und zu Petronellas Eltern das Fläschchen vom Kitz leer saugen und Tag für Tag wird es kräftiger und immer zahmer.

Petronella ist stolz und ihre beste Freundin Claudia gibt zu, dass sie ein wenig neidisch ist, weil Petronella zu Hause mit so vielen Tieren spielen kann.

Denn bei ihr leben neben dem Reh und ihrem Hund Kordel, auch noch die Katze

Mira, der weiße Hase Persil, das ängstliche Meerschweinchen Piepsi und der Wellensittich Peterle.

Claudia hat nur den Nymphensittich Hansi. Und der hackt immer nach ihr. Dafür darf Claudia Petronella fast jeden Tag besuchen und dem kleinen Reh auch mal das Fläschchen halten.

Alle gewinnen das Rehkitz richtig lieb. Kordel schleckt ihm das Fell, behütet es und tollt mit ihm im Garten. Beide laufen sogar im Haus umher und die Leute im Dorf schauen verwundert, wenn Petronella mit ihrem Reh und mit ihrem Hund durchs Dorf marschiert. Ganz ohne Leine.

„Das könnte jetzt immer so weitergehen!", denkt Petronella. Doch es kommt anders.

Eines Tages möchte Petronellas Vater ihr Rehlein zu einem Bauern aus dem Nachbardorf bringen. Der hat hinter seinem Haus ein Stück Wald eingezäunt, in dem bereits Rehe und ein junger Bock zusammenleben.

Hier soll Petronellas Reh eine neue Heimat finden und später ausgewildert werden.

„Du hast dein Rehlein sehr liebevoll großgezogen!", lobt Petronellas Vater. „Aber nun muss es zurück in Wald! Ich glaube, dass dein Reh den Wald schon sehr vermisst."

„Das glaube ich nicht", antwortet Petronella. „Es ist glücklich bei mir, und es spielt auch sehr schön mit Kordel."

„Aber ein Garten ist kein Wald, das weißt du genau!" Petronella ist trotzig. Sie redet nicht mehr mit ihrem Vater. Aber es hilft alles nichts. Schon am nächsten Tag muss sie mit ihm zum Bauern.

Während der ganzen Autofahrt krault sie ihr Rehlein liebevoll am Hals. „Aber nur, wenn es dort wirklich schön ist, werde ich dich dort lassen", verspricht Petronella ihrem Reh. Als sie ankommen, sieht Petronella andere Rehe im weitläufigen Gehege springen und friedlich zusammen grasen.

Und auch der Bauer scheint ein guter
Mensch zu sein. Zusammen mit Petronella
führt er ihr Reh ins Gehege.

Die anderen Tiere hasten erst aufge-
scheucht davon. Doch dann kommen sie
bald neugierig näher.

„Ich werde dich besuchen kommen!",
verspricht Petronella. „So oft es geht!" Ob
ihr Rehlein sie verstanden hat? Jedenfalls
fühlt es sich ganz sicher und guckt schon
neugierig nach den anderen.

„So, du musst dich jetzt verab-
schieden!", sagt der Bauer zu Petronella.
„Dein Reh muss sich in der Gruppe selbst
zurechtfinden!"

Petronellas Vater zupft Petronella am Ärmel. Über die Schulter sieht Petronella noch einmal ins Gehege. Dort steht ihr Kitz. Jetzt schon zusammen mit den anderen. Mitten auf der saftigen Wiese.

Petronella lächelt. Denn eigentlich ist es nun gar kein Kitz mehr, sondern bereits ein stolzes, großes Reh.

Alles Dank Petronella!

Die Maus im Staubsauger

„Ihr denkt wohl, ich räum euch alles hinterher!", schimpft Petronellas Mutter. Sie ist schon den ganzen Tag schlecht gelaunt, weil sie so viel Arbeit hat und auch am Wochenende kaum zur Ruhe kommt. Heute Nachmittag hat sie Freunde zu Besuch eingeladen und will noch einkaufen, Wäsche waschen, sauber machen.

Als alle zum Einkaufen fahren, bleibt nur Petronella daheim. Sie beschließt, ihrer gestressten Mama unter die Arme zu greifen und ein wenig das Haus zu putzen.

Petronella holt den Staubsauger aus dem Keller und schleppt ihn ins Wohnzimmer. Sie bindet sich die große Kochschürze um und räumt erst einmal ein wenig auf.

„Hopp, Katz, runter vom Sofa, jetzt wird hier geputzt!", sagt Petronella liebevoll zu

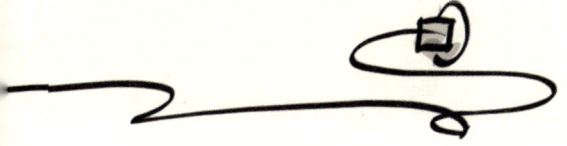

ihrer Katze Mira und lässt sie durch die Terrassentür ins Freie. Die getigerte Katze mag den Staubsauger überhaupt nicht.

„Mama soll sich freuen, wenn sie heim kommt", denkt Petronella und steckt den Stecker in die Steckdose. Fleißig zieht sie den Staubsauger hinter sich her.

„Unter die Wohnzimmercoach kommt man besser nur mit dem Rohr", denkt sie und nimmt das Vorderteil des Staubsaugers ab. Gebückt hantiert sie mit dem Saugrohr, als auf einmal BOING etwas hinter ihr zu Boden fällt.

„So ein Pech! Jetzt ist die große Blumenvase umgefallen. Zum Glück ist sie nicht kaputt." Petronella stellt die Vase schnell wieder auf. Der Teppich ist vom Blumenwasser ganz schön nass.

„Jetzt sauge ich erst fertig und dann werde ich auch diesen Fleck beseitigen", denkt sich Petronella.

„Unter dem Sofa wird wohl nicht so oft gesaugt", stellt sie fest. Gerade als sie

etwas kleines Braunes an der Wand vorbei-
huschen sieht.

Bevor Petronella sich besinnt, hat sie
eine kleine Maus eingesaugt.

„Ach, du meine Güte! Jetzt ist die arme
Maus im Staubsauger drin."

Petronella öffnet rasch den Deckel und
holt den vollen Beutel heraus.

„Da muss eh mal ein neuer rein." Um
die Maus besser und schneller retten zu
können, reißt sie die Pappe vom Beutel ab.
Eine Staubwolke kommt ihr entgegen.
Petronella muss husten.

„Eklig! Verstaubte Hundehaare, so ein Innenleben eines Staubsaugers ist nicht gerade appetitlich." Sie wühlt vorsichtig in dem Sack voller Flusen. Und tatsächlich: Mitten im Dreck sitzt die kleine braune Maus. Völlig verstaubt, aber zum Glück lebendig.

Petronella fängt die verdatterte Maus vorsichtig ein und holt ihre kleine Puppenbürste. Die Maus piepst aufgeregt und ihr Herzchen pocht. Sie beißt Petronella sogar mit ihren kleinen Nagezähnen in die Hand.

„Au! Gleich bin ich fertig!", verspricht Petronella der Maus. Sie putzt die Maus sauber und setzt sie dann im Garten mit ein paar Brotkrumen auf den Kompost.

„Du bist das einzige Mäuschen, das von sich behaupten kann, dass es schon mal im Magen eines Staubsaugers war", sagt Petronella zu der Maus und legt noch ein Stückchen Käse daneben. Aber die Maus ist weder am Käse, noch am Brot interessiert und flitzt davon.

Währenddessen ist Petronellas Familie nach Hause gekommen. „Petronella, komm sofort her!", ruft ihre Mutter aus dem Wohnzimmerfenster. „Was hast du hier für eine Sauerei gemacht?"

„Ich musste nur einer eingesaugten Maus das Leben retten."

Ihre Mutter schüttelt den Kopf. „Was machst du bloß immer für komische Sachen?" Sie räumt erst einmal den Einkauf weg. Petronella bestückt solange den Staubsauger mit einem neuen Beutel. Jetzt saugt sie ganz besonders vorsichtig.

Denn man kann nie wissen, was so alles unterm Sofa rumkriecht!

Auch Igel schaukeln gern

Der Winter ist in diesem Jahr früh ins Land gezogen. Es fallen schon erste Schneeflocken vom Himmel, die aber nicht liegenbleiben.

Petronella sitzt am Fenster und kaut am Ende ihres Bleistiftes herum, bis sie den bleiernen Geschmack der Mine im Mund hat. Mathe ist das schlimmste Fach für Petronella. Die Rechnerei findet sie unlogisch. Und deswegen kommt ihr auch jede Ablenkung während der Hausaufgaben sehr gelegen.

An diesem Nachmittag bringt Petronellas große Schwester Philine etwas ganz Besonderes mit ins Haus. Sie plärrt laut im Flur: „Petronella, komm schnell, ich habe einen Igel gefunden."

Petronella lässt sofort den angekauten Bleistift auf ihren Schreibtisch fallen und stürmt die Treppenstufen hinunter.

Tatsächlich. Philine stellt einen Korb auf den niedrigen Wohnzimmertisch und lächelt stolz. Petronella freut sich. Im Korb sitzt ein kleiner Igel und schaut neugierig. Der Igel ist im Schneetreiben über die Straße gelaufen. Philine und ihr Vater haben ihn zum Glück eingefangen. „Wir dürfen ihn den Winter über behalten", freut sich Philine.

„Egal, auch wenn es Philines Igel ist, ich kann ihn ja trotzdem lieb haben", denkt Petronella. Ihr Vater kniet sich vor den Kleinen und tippt ihn mit seinem Zeigefinger vorsichtig an. Sofort stellt der Igel alle Stacheln auf, wie ein großes Heer mit kleinen Speeren.

Philine holt ihr Tierbuch und blättert darin. „Schau, hier ist ein Winterquartier abgebildet. Das ist nicht schwer." Und rasch suchen Petronella und Philine im Keller nach einem großen Pappkarton.

„Er muss so groß sein, dass sich der Igel ausreichend bewegen kann", sagt Philine und räumt die Weihnachtsdekoration aus einem großen Karton. Dann trägt Petronella einen Berg Zeitungspapier ins Zimmer. Damit polstert sie den Boden des Kartons aus.

„Aber der Igel braucht auch ein kleines Haus, in dem er schlafen kann", sagt Petronella und hat gleich eine Idee. In einen alten umgedrehten Schuhkarton schneidet sie einen kleinen Torbogen. „Fertig ist das Schlafhaus", sagt Philine.

„Nein, noch ist es nicht kuschelig genug. Wir müssen ihm noch trockenes Laub suchen, damit er es auch richtig gemütlich hat", schlägt Petronella vor und weiß gleich, wo sie Laub finden kann. „In der Garage unseres Nachbarn liegen auf dem Boden immer Blätter."

Petronella macht sich sofort auf den Weg. Sie klingelt, aber keiner öffnet. Die Garage steht offen. Petronella schleicht hinein und sammelt viele trockene Eichenblätter.

Aber da ist ja ihr Fußball! Er liegt oben auf einem Regal. Petronella vermisst ihn schon seit dem Sommer. Sie hat ihn aus Versehen in Stumpes Garten geschossen, und der hat ihn ihr nicht mehr wiedergegeben.

„Den hol ich mir jetzt zurück", denkt Petronella entschlossen. Aber das Regal ist zu hoch. Petronella klettert auf die Autoreifen. Doch noch immer erreicht sie ihren Ball nicht. Da schnappt sie den Besen, der in einer Garagenecke praktisch griffbereit steht.

Erneut klettert sie auf die Reifen und angelt jetzt mit dem Besen nach ihrem Ball. Endlich. Der Ball rollt vom Regal.

Als sie das Auto hört, ist es schon zu spät. Herr Stumpe fährt in die Garage.

Petronella schnappt ihren Ball, stopft sich rasch noch die Taschen mit den Blättern voll und läuft davon. „Ich werde mit deinen Eltern reden!", schimpft ihr Herr Stumpe wütend hinterher.

Seit diesem Tag lebt der kleine Igel in Petronellas Familie. Keiner weiß, ob es ein Igelmännchen oder ein Weibchen ist, jedenfalls wird er oder sie feierlich auf den Namen Hedgehog getauft. Das ist Englisch, wird „Hädschhog" ausgesprochen, und bedeutet nichts anderes als Igel. Philine durfte diesen Namen für ihn aussuchen. Da konnte sie mal wieder mit ihren Englischkenntnissen protzen.

Mit der Zeit wird der kleine Igel zutraulich wie ein junger Welpe. Wenn Petronella ihn in die Hand nimmt und streichelt, legt er nicht die Ohren, sondern seine Stacheln an und macht sich im Handballen platt wie ein Pfannkuchen. Er liebt Schmusen und gibt vor lauter Freude genießerisch leise, grunzende Geräusche von sich.

Und Hedgehog schaukelt gern! Dazu stellt er sich auf seine kleinen, schwarzen Hinterfüße, zieht sich mit den Vorderbeinen an der Wand empor und hakt sich in die Vorhänge der Terrassentür. Er tippelt ein Stück zurück, damit er richtig Schwung bekommt und schaukelt hin und her.

Als Petronella das zum ersten Mal sieht, traut sie ihren Augen nicht. „Mama, komm schnell!", ruft sie. „Hedgehog schaukelt!"

„Petronella, ich habe jetzt keine Zeit für Blödsinn!", antwortet ihre Mama aus dem Bad. Aber als sie Petronellas Kichern hört, kommt sie doch.

„Vielleicht hat er sich aus Versehen im Stoff verfangen", glaubt Petronellas Mutter und beeilt sich, ihn zu befreien.

Aber Hedgehog nimmt schon kurz darauf erneut Anlauf und schaukelt wieder. Petronella ist sich ganz sicher, Hedgehog will sich fit halten. Er ist eben ein sportlicher Igel und flitzt mit seinen kleinen krummen Beinen auch zu gerne durch die ganze Wohnung.

Ganz besonders aber liebt er die Zimmerecke unter der Eckbank in der Küche. Hier schnüffelt Hedgehog mit seiner weichen Nase nach kleinen Hausspinnen. Da es bei den Glückschuhs zum Glück nicht immer perfekt sauber ist, macht Hedgehog tatsächlich manchmal Beute. Gierig schmatzend verschlingt er die langbeinigen Hausgäste, die Zuflucht in der warmen Stube suchen.

Ansonsten frisst Hedgehog Katzenfutter, vermischt mit Haferflocken und Eigelb. Er nascht auch Rosinen. Besonders gerne jedoch schnabuliert er Würmer und Weintrauben. Und kaum zu glauben: Er mag Avocadomus. Aber am Liebsten eben Spinnen.

Petronella will für ihn im Keller nach noch mehr Achtbeinern suchen. Denn, so denkt sie: „Der arme Igel kann im Haus nicht genug alleine finden und Spinnen sind sein normales Futter in freier Natur."

Sie hocken tückisch meist an den schmutzigen Kellerfensterecken in ihren Netzen. Aber heute ist keine zu sehen. „Komisch! Wo sind die bloß?"

Aber so schnell gibt Petronella nicht auf. „Das wäre ja gelacht. Hier unten muss es Spinnen geben!" Sie geht in den nächsten Kellerraum und zieht ein Regal ein Stück vor, damit sie besser in die Ecke kommt. „Hey, da ist ja mein alter Zauberkasten", freut sich Petronella. Den hatte sie schon ganz vergessen. Genauso wie den Fußball.

Gerade als Petronella den Deckel öffnen will, sieht sie eine große Spinne.

Petronella schleicht sich an. Sie ist sich sicher, dass die Spinne sie schon bemerkt hat. „Du verlässt dich wohl auf deine Tarnung", denkt Petronella und schwupp stülpt sie ein leeres Einmachglas über den fetten Leckerbissen.

„Ein Prachtexemplar!" Petronella schiebt ein Blatt Papier unter das Glas und jetzt greift die Spinne das Glas an. Petronella dreht es rasch um und die Spinne rutscht hinein. Die dicke Spinne ist gefangen.

„Du bist eigentlich etwas zu hübsch zum Verfüttern", denkt Petronella und läuft mit dem Glas in die Küche.

Philine sitzt am Ecktisch und macht Hausaufgaben. Konzentriert liest sie in ihrem Biologiebuch und rührt dabei mit einem Löffel in ihrer Kakaotasse.

Petronella stellt das Glas mit der Spinne auf den Tisch und geht zum Kühlschrank. Kakao ist eine gute Idee.

Als Petronella die Milchtüte greift, schreit Philine plötzlich so laut, dass Petronella vor Schreck die Milch aus der Hand fällt.

Da sieht Petronella, wie die schlaue Spinne aus dem Glas krabbelt, über den Tisch und schnurstracks auf Philine zu. Die springt auf die Eckbank und wirft dabei auch noch ihre Kakaotasse um. Jetzt läuft die braune Flüssigkeit über Philines Buch und ihr Biologieheft.

Philine schreit Petronella an. „Mach die sofort weg! Du blöde Kuh!" Aber keine Spur mehr von der fetten Spinne. Die ist in Windeseile davon geflitzt.

Da sitzt Hedgehog unter der Eckbank und schmatzt.

„Das hat sich wohl schon erledigt", sagt Petronella.

Inzwischen ist auch Petronellas Vater in die Küche gestürmt. „Was schreist du so?", fragt er Philine.

„Petronella stellt hier Monsterspinnen auf den Tisch. Jetzt ist mein ganzer Ordner und mein Buch voll Kakao", schimpft Philine und stupst ihre Schwester in den Rücken. Petronella holt einen Lappen und wischt die Milch auf.

„Wo hattest du denn die Spinne her?", wundert sich ihr Vater. „Na, aus dem Keller!", antwortet Petronella, als wäre das selbstverständlich. „Entschuldige dich bei Philine. Sieh mal, was du gemacht hast!"

Petronella schüttelt den Kopf. „Mit ihrem Kakao habe ich nix zu tun. Sie hat ihn selbst umgestoßen. Ich habe nur die Spinne auf dem Tisch abgestellt."

Philine stöhnt. „Ja, aber die war so groß!" Philine zeigt sie viel größer, als sie wirklich war.

„So ein Quatsch. So groß war die nie!", wirft Petronella ein.

„Und wo ist sie jetzt?", fragt ihr Vater. „Hedgehog hat sie gefressen", sagt Philine angeekelt. Ihr Vater muss lächeln. „Zum Glück haben wir einen Igel im Haus."

Petronella findet das nicht so lustig. „Eigentlich wollte ich die Spinne ja wieder frei lassen."

Jeden Tag wird Hedgehog nun auf die Küchenwaage gesetzt und sein Gewicht kontrolliert. Philine schreibt alles ordentlich in ein Heft. „Er muss noch mehr zunehmen, damit er in den Winterschlaf fallen kann", sagt Philine.

„Der schläft doch genug", meint Petronella.

Tagsüber ist Hedgehog oft müde und bleibt in seinem Karton, in den er jederzeit raus- und reinkrabbeln kann. Gegen Abend wird er aktiv und hat für alle immer neue Überraschungen auf Lager.

Die Wochen vergehen und Hedgehog wird immer dicker. Er lässt sich herumtragen, ohne sich einzuigeln. Petronella und Philine nehmen ihn mit in ihr Zimmer und setzten ihn sogar aufs Bett.

Und dann ist es soweit. Philine wiegt Hedgehog. Durch die vielen Avocados, Spinnen, Rosinen und das Katzenfutter hat er sich genug Speck angefressen. Jetzt muss Hedgehog umziehen, in den Keller. „Er braucht eine kühle Umgebung, damit er in Winterschlaf fallen kann", sagt Petronellas Mutter.

Philine und Petronella schauen jeden Tag nach ihm und stellen frisches Wasser und Futter in seinen Karton. Doch Hedgehog rührt es irgendwann nicht mehr an. Er liegt eingerollt in seinem Schlafhaus.

„Der schläft und schläft", sagt Petronella. Nun kann sie es kaum erwarten, bis ihr kleiner Freund wieder aktiv wird.

Als draußen endlich wieder die Frühlingssonne auf das Haus und den Garten der Glückschuhs scheint, wacht Hedgehog auf. Er will raus aus dem Karton. Hedgehog schnuppert an Petronellas Hand und lässt sich hochnehmen. Er lässt sich sogar an seinem weichen Bauch streicheln.

Zusammen mit ihrer großen Schwester trägt Petronella Hedgehog ins Wohnzimmer. Das erste, was ihm einfällt, ist zum Vorhang zu laufen und zu schaukeln. Und dann will er in den Garten. Es bleibt kaum Zeit für einen Abschied, denn Hedgehog rennt ihnen mit seinen kurzen krummen Beinchen ganz sportlich davon.

Schwupp! Schon ist er hinter dem Komposthaufen verschwunden.

„Es ist besser so", sagt Petronellas Vater später beim Abendbrot. „Sein Winterschlaf ist vorbei und ein Igel hat in einem Haus eigentlich gar nichts verloren!" Petronella schaut ihren Vater mit großen Augen an. „Was ist denn?", fragt er erstaunt.

„Ach nix!" Petronella senkt schnell ihren Blick, damit sie niemand mit ihren Augen verrät, was sie gerade gesehen hat. Nur einen halben Meter über dem Kopf ihres Vaters sitzt an der Wand eine ungewöhnlich dicke, fette Spinne.

Weinbergschnecken
mit Kräuterbutter

Petronellas Mutter schmiert in der Küche Stullen, und ihr Vater sucht im Keller nach seinen Wanderschuhen. Petronella beschließt, ihre gelben Gummistiefel und ihren großen, gelben Regenmantel mit Kapuze zu tragen.

„Aber es scheint doch die Sonne", stellt ihre Mutter verwundert fest.

„Wenn ich schon mit Wandern gehen muss, dann nur in meinen Gummistiefeln und meinem Regenmantel", erwidert Petronella energisch.

Die ganze Familie hat zu tun. Auf jeden Fall gibt es wegen Petronellas Kleiderwahl keine Diskussion mehr. Sie darf an diesem Frühlingstag mit Gummistiefeln und Regenmantel hinaus.

Geplant ist eine acht Kilometer lange Wanderung nach Mirsdorf. Und dann geht es los.

Petronellas Vater spielt unterwegs fröhlich auf seiner Mundharmonika.

Petronella seilt sich stets ein wenig ab. Schließlich gibt es allein und ungestört viel mehr zu entdecken. Und mit ihren Gummistiefeln hüpft sie extra in die größten schlammigsten Pfützen.

In der vergangenen Nacht hatte es stark geregnet. Jetzt kreuzen viele Weinbergschnecken Petronellas Weg. Weiße und braune, große und kleine. Petronella mag diese Kriechtiere mit ihren weichen Fühlern und ihrem feuchten Bauch.

Eifrig sammelt sie alle ein. Als Schluss-
licht der Wandertruppe kann sie ungestört
machen, was sie will.

Nur Kordel kommt ab und zu schwanz-
wedelnd zu Petronella gerannt, schnuppert
hechelnd kurz an einer Schnecke, lässt sich
von Petronella am Kopf streicheln und
hoppelt wieder nach vorne zu den anderen.

„Ich nehme so viele Schnecken wie möglich
mit nach Hause und lasse sie später bei uns
im Garten wieder frei", denkt Petronella.
Denn sie will einmal das Glück haben und
genau beobachten, wie Schnecken kleine
Minischnecken bekommen. „Ich setze alle
in das alte Aquarium", denkt Petronella und
freut sich über jede weitere Schnecke am
Wegrand. „Dann kann ich sie in meinem
Zimmer beobachten."

Petronella ist sich sicher, dass solche
Naturbetrachtungen für ihren späteren
Berufswunsch Tierforscherin nur von
Nutzen sein können. Sie will heraus-
finden, ob eine Schnecke schon mit Mini-

Häuschen geboren wird, oder ob sie nackt aus einem Ei schlüpft. Jede Schnecke, die sie im feuchten Gras oder unter Sträuchern findet, lässt sie vorsichtig in einer ihrer beiden großen Regenmanteltaschen verschwinden.

Damit ihre neuen zukünftigen Zimmerkameraden auf dem weiten Weg nicht Hunger leiden müssen, opfert sie ihren Proviant, ein Käsebrot. Sie teilt es in zwei Hälften und steckt in jede Tasche ein halbes. Bald sind ihre Taschen prall gefüllt mit Schnecken und zermanschtem Käsebrot. Mit der Zeit wird es Petronella ein wenig warm in ihrem Gummimantel. Es ist ein sonniger Tag. Aber Petronella behält ihn tapfer an.

„Soll ich deinen Mantel tragen?", fragt ihr Vater freundlich. „Nein! Bloß nicht!", antwortet Petronella forsch. Denn alle Schnecken sollen mit ihr kommen, den langen Weg bis nach Mirsdorf und wieder zurück.

Petronellas Schwester Philine ist die erste, die hungrig wird. Sie will eine Pause machen. Und auch Petronella hat Hunger. Aber sie hat ja ihr Vesper den Schnecken gegeben.

„Können wir nicht in einem Restaurant Pommes oder eine Bratwurst essen?", fragt Petronella. Aber ihre Mutter seufzt: „Das ist zu teuer." Sie hat Tee, Äpfel und noch mehr Brote eingepackt. „Das gibt es in einer halben Stunde." Gemeinsam gehen sie weiter.

Petronellas Vater erzählt lachend, dass er in der Nacht davon geträumt habe, einen großen Schatz zu entdecken.

„Natürlich, das war bestimmt ich", antwortet Petronellas Mutter scherzhaft. Aber nur wenige Minuten später ist es tatsächlich so weit. Der Traum von Petronellas Vater wird wahr.

Am Wegesrand liegt ein großer Steinhaufen. Petronellas Vater dreht und wendet jeden Stein. Er ist Fossiliensammler und hofft, eine Versteinerung zu finden. „Eine versteinerte Schnecke wäre toll", sagt Petronella, die mitten im Gras in der prallen Sonne mit ihrem Regenmantel und ihren Gummistiefeln sitzt und andauernd an ihren Manteltaschen herumtätschelt.

Plötzlich hält ihr Vater ein großes Porzellansparschwein in der Hand. „Schaut mal, was ich hier gefunden habe." Er schüttelt es und im Schwein klimpert es lustig.

„Das ist dein Schatz, von dem du geträumt hast!", ruft Petronella und springt auf. Sie denkt darüber nach, ob ihr Vater womöglich hellseherische Kräfte besitzt. Manchmal kam es ihr schon so vor. Er weiß auch immer, wenn sie schwindelt. Dann schaut er ihr in die Augen, und sie fängt an zu schielen.

Petronellas Papa nimmt einen Stein und schlägt damit das Schwein entzwei. Lauter Münzen sind darin. „Sind wir jetzt reich?", fragt Petronella. Genau 28 Euro und 45 Cent sind im Sparschwein.

„Heute ist unser Glückstag. Jetzt lade ich euch alle zu einer Portion Pommes und einer Limonade ein", schlägt Petronellas Vater vor.

Als sie in Mirsdorf ankommen, gehen sie in eine kleine rustikale Wirtsstube. An einer großen Garderobe hängen sie Mäntel und Jacken auf. Petronella will ihren Mantel lieber mit in die Gaststätte nehmen, aber ihr Vater bleibt streng und Petronella freut sich auf eine große Portion Pommes.

Also gehorcht sie und gibt ihrem Vater, auch ihren Regenmantel. Sie ist sich sicher, dass es ihren Schnecken mit dem Käsebrot gut geht. Schließlich finden die im Wald nie so etwas Feines zu fressen.

Eigentlich will Petronella hin und wieder nach ihren neuen Haustieren schauen. Aber unterm Tisch liegt Kordel auf ihren Füßen und schläft. Die Pommes sind lecker und alle quatschten und quatschen.

Bis Petronellas Vater plötzlich mit blassem Gesicht von der Toilette wiederkommt. „Los, hopp, wir müssen schnell weg!", flüstert er.

Petronellas Mutter fragt nach, warum er denn so überstürzt aufbrechen will.

„Erzähl ich dir später." Er blickt Petronella streng an und verdreht die Augen. Dann zahlt er rasch und zieht Petronella am Arm aus dem Lokal.

Als sie in den Flur kommen, sehen sie, was los ist.

Alle Weinbergschnecken, große und kleine, kleben an den Mänteln und an der Tapete. Eine ist sogar bis an die Decke gekrochen.

Überall haben Petronellas Weinbergschnecken auf den feinen Mänteln der anderen Gäste ihre schleimigen Spuren hinterlassen.

Rasch zieht die gesamte Familie Glückschuh ihre Jacken an und dann nichts wie
raus. Vater scheucht sie.

Draußen biegt er mit Petronella am Arm
hastig um die Ecke. „Wo hast du bloß all
diese Schnecken her?", fragt er.

„Die habe ich gefunden", erzählt
Petronella unschuldig. Ihr Vater scherzt,
dass es nun bestimmt Weinbergschnecken
mit Kräuterbutter auf der Speisekarte in
Mirsdorf geben wird.

Dieser Gedanke behagt Petronella gar
nicht. Sie darf aber nicht zurück, um ihre
Schnecken zu retten und auch auf dem
Heimweg keine einzige neue Schnecke
mehr einsammeln.

Am Abend liest Petronellas Mutter ihr
zum Einschlafen aus einem Tierbuch vor,
wie Schnecken sich vermehren.

„Mama, glaubst du, Papa hat recht und
die essen jetzt alle Schnecken auf?"

„Das glaube ich nicht. Die Mirsdorfer
Kneipe ist dafür nicht vornehm genug.

Weinbergschnecken mit Kräuterbutter gab es dort noch nie!" Petronella mummelt sich in ihre Bettdecke ein.

„Iiih, Pfui, wie widerlich feine Leute sind. Die essen sogar Schnecken!"

Ihre Mutter macht das Licht aus und Petronella überlegt vor dem Einschlafen noch lange, ob ihr Vater wirklich ein Hellseher ist.

„Nein, der Name Glückschuh bringt einfach nur Glück, sonst hätte mein Vater kein Sparschwein gefunden", denkt Petronella und macht müde die Augen zu.

Katzenjunge im Bettkasten

Petronellas Katze Mira ist eigentlich die Katze ihrer Oma. Sie macht es sich überall bequem, um sich das Fell abzuschlecken, um zu schlafen, oder um sich kraulen zu lassen. Mira ist eine stattliche Katze mit getigertem Fell. Sie kann wunderbar schnurren und ist eine fleißige Katzenmutter.

Zwei Mal im Jahr bekommt Mira Junge. Und das schon seit langem. Die Katzenjungen sind nicht nur für Petronella, sondern auch für viele andere Kinder im Dorf immer wieder aufs Neue interessant. Petronella verlangt sogar manchmal Eintritt dafür, dass die Nachbarkinder die Babys streicheln dürfen.

Nur für Petronellas Eltern sind die Katzenbabys eine anstrengende Aufgabe. Denn Oma Anncliese will nicht, dass Mira vom Tierarzt operiert wird, damit sie keine Jungen mehr bekommt.

Damit das nicht passiert, will sie, dass Mira ihre Katze bleibt. Denn wenn sich Oma Anneliese etwas in den Kopf gesetzt hat, müssen alle gehorchen. „Aber eigentlich ist es deine!", hat sie Petronella immer wieder versprochen.

Doch für all die jungen Kätzchen immer wieder ein schönes neues Zuhause zu finden, ist wirklich nicht leicht. Nachdem bereits alle Freunde und Bekannten mit kleinen Katzen versorgt wurden, wird die Suche nach neuen Katzeneltern immer schwieriger.

Anfangs fuhren die Glückschuhs nur in die Nachbardörfer, bis schließlich auch dort alle Katzenliebhaber von Miras Kindern eines in den Arm nehmen und behalten durften. Hin und wieder erbarmte sich auch mal ein Bauer. „Meinetwegen, lassen Sie die Katze hier. Ein bisschen Milch ist immer übrig."

Mira hat wirklich ein schönes Katzenleben. Doch dass sie so oft Babys bekommt, findet Petronellas Vater keineswegs erfreulich. Ihm bleibt nichts übrig, als Mira bei jedem neuen Wurf nur zwei Junge leben zu lassen. Die anderen lässt er vom Tierarzt einschläfern. Als Petronella das zum ersten Mal so richtig bewusst erlebt, ist sie entsetzt.

Petronella ist überrascht, dass ihr Vater so etwas fertig bringt und sie hat Mitleid mit den armen kleinen Kätzchen.

„Meinst du, ich mach das gern. Das ist eine abscheuliche Sache", sagt ihr Vater. Aber er tut es trotzdem. Und dann fängt er an, über Oma Anneliese zu schimpfen.

Petronella beschließt, dagegen etwas zu unternehmen. Sie beobachtet Mira genau. Katzen sind nicht dumm. Mira bemerkt, dass ihr bei jedem Wurf nur zwei Kinder bleiben und sie versteckt sich von Mal zu Mal besser, um unentdeckt ihre Jungen zur Welt bringen zu können. Petronella hilft ihr manchmal dabei und spielt Katzenhebamme.

Heimlich öffnet sie im Keller ein Fenster und bereitet Mira ein Körbchen mit alten Handtüchern. Immer wieder setzt sie Mira hinein, die Petronellas gut gemeinten Ratschläge aber eher als lästig empfindet und miauend schnell wieder aus dem Körbchen springt.

Als Miras Bauch schon recht dick ist, schleicht Petronella ihr hinterher und kann erspähen, wo sie ihre Jungen gebären will. Diesmal hat Mira sich zum Glück Petronellas Bettkiste ausgesucht.

Das ist für Petronella sehr praktisch. Sie muss nur den Kasten unter ihrem Bett etwas vorziehen und kann die Katzenfamilie auch in der Nacht sehr gut beobachten.

Petronella verrät niemand Miras Geheimversteck. Sie kann genau zusehen, wie Mira ihre Jungen bekommt, die Fruchtblase mit ihrem Maul aufbeißt und ihre Kleinen behutsam abschleckt. Sieben kleine Kätzchen sind es dieses Mal, eines süßer als das andere.

Bevor ihr Vater überhaupt weiß, wo die Jungen sind, hat Petronella sie schon alle gezählt und kennt jeden Farbfleck der Kleinen. Sie kann sich nicht entscheiden, welches sie am süßesten finden soll.

Petronella verschließt ihre Zimmertür, wenn sie weg muss und bringt Mira jeden Tag heimlich verdünnte Milch und Futter. Hauptsache ist, ihr Vater findet die Jungen nicht, denn alle Kätzchen sollen überleben.

Beim Abendbrottisch fragt Petronellas Mutter plötzlich: „Hat einer von euch Mira gesehen? Die ist schon mehrere Tage nicht hier und Oma sucht sie."

Petronella beißt sich auf die Unterlippe und zuckt mit den Schultern. Sie tut so, als ob sie das gar nicht interessiere. Ihr Vater beginnt zu meckern. „Die war doch schon wieder trächtig. Dass Oma nicht endlich einsieht, dass die Katze sterilisiert werden muss. So geht das nicht weiter."

Petronella hat ein wenig Sorge, denn sie weiß, dass ihr Vater nicht sehr glücklich sein wird, wenn er die vielen Kätzchen entdeckt und sie kann Mira ja auch nicht ewig in ihrem Zimmer verstecken.

„Petronella, warum sperrst du dein Zimmer ab?", ruft ihre Mutter etwas später. Sie hält zusammengelegte Wäsche im Arm.

„Warte, ich komme!" Petronella nimmt ihrer Mama die Wäsche ab. „Danke!", sagt sie und schließt von innen hinter sich ab.

Petronellas Mutter steht verdattert vor der Tür. Sie klopft. „Petronella, was ist das für ein neuer Gag? Mach sofort auf!"

„Gleich! Einen Moment!" Petronella öffnet und stellt sich in den Türrahmen. Ihre Mutter drückt sich an Petronella vorbei und schaut sich im Zimmer um. „Du könntest mal wieder aufräumen", sagt sie und geht. „Puhh, nochmal Glück gehabt!", denkt Petronella und setzt sich auf ihr Bett. Darunter hört sie es leise Mauzen und Mira schnurren.

Einige Tage später, als sie mit einem Schälchen Katzenfutter in ihr Zimmer schleicht, ertappt sie ihre Mutter. „Was machst du mit dem Futter?"

„Ich, ich, ich will Mira Futter auf mein Fensterbrett stellen, vielleicht kann ich sie ja anlocken", stottert Petronella.

Mira sitzt oft auf Petronellas Fensterbrett, wenn sie vom Garten ins Haus will und alle Türen verschlossen sind.

Ihre Mutter blickt Petronella prüfend an. Petronella dreht sich um und geht in ihr Zimmer.

Ihre Mutter folgt ihr und fragt dann überraschend: „Wo hast du Mira versteckt?"

Petronella wird verlegen. „Ich habe Mira nicht versteckt."

Ihre Mutter setzt sich aufs Bett. Petronella geht schnell zu ihrem Kassettenrecorder und macht laut ein Hörspiel an, damit ihre Mama die Katzen nicht hört.

Petronellas Mutter steht auf und öffnet den Kleiderschrank.

„Was suchst du?", fragt Petronella. Ihre Mutter schließt den Schrank wieder und schaut sich im Zimmer um. Dann geht sie zum Bettkasten und zieht ihn hervor. Da liegt Mira. Ihre kleinen Babys streiten um ihre Zitzen.

„Bitte, nicht schimpfen! Ich will, dass alle leben dürfen!", bettelt Petronella. „Sind die nicht süß? Schau doch mal!"

Petronellas Mutter streichelt eines der Kleinen. „Wo sollen nur wieder diese ganzen Katzen hin?"

Am gleichen Abend telefoniert Petronellas Vater lange mit Oma.

Petronella kann nicht viel hören, aber sie merkt, dass ihr Vater am Ende sehr wütend ist.

Später spricht er mit Petronella. Und zum Glück: Mira muss nicht zum Tierarzt und die Kätzchen dürfen alle am Leben bleiben.

Philine wählt sich ein Kätzchen aus, um das sie sich besonders kümmern will.

Petronella mag alle und schläft gerne über der Katzenfamilie ein. Jetzt klettern die Kleinen schon aus der Kiste und untersuchen Petronellas Zimmer.

Als sie mehrere Wochen alt sind, gibt Petronellas Mutter in der Zeitung eine Annonce auf und am folgenden Tag kommen Leute zu Besuch und suchen sich eine Katze oder einen Kater aus.

Petronella sitzt schmollend im Wohnzimmer. Sie grüßt keinen der Fremden und
gibt bei Fragen auch keine Antwort.

„Dir bleibt doch Mira", sagt ihre Mutter.
Aber Petronella will am liebsten alle Katzen
behalten.

Sie ahnt nicht, dass es noch schlimmer
kommt. Denn für ihren Vater steht inzwischen fest, Mira 20 Kilometer weit weg zu
einem Bekannten auf einen Bauernhof zu
bringen.

Eine Woche später ist sie plötzlich verschwunden. Als Petronella hört, was ihr Vater getan hat, ist sie sehr böse auf ihn und bettelt immer wieder, er solle Mira zurückbringen. Doch er bleibt stur und antwortet: „Ich bin froh, dass wir nicht mehr ständig Katzen versorgen müssen. Mira geht es dort gut."

Petronella ist wütend und traurig. „Ich hasse dich!", schreit sie ihren Vater an, der sie schuldbewusst und entsetzt anschaut.

Petronella gibt ihrem Vater keinen Morgenkuss mehr. Sie spielt mit ihm auch kein Rätselraten und bügelt ihm kein Hemd mehr, wenn er abends fort muss. Philine ist ebenso traurig, dass die Katze weg ist und Oma Anneliese spricht am Telefon mit ihrem Schwiegersohn nur noch das Nötigste. „Kann ich mal meine Tochter sprechen?" Oder: „Ah, du bist zuhause. Eigentlich wollte ich Petronella!"

Petronella hofft, dass ihr Vater ein sehr schlechtes Gewissen hat, weil er Mira fortgegeben hat.

So vergehen die Tage, aber Petronellas Vater bleibt weiterhin stur und der Platz, auf dem Mira so oft auf dem Sofa eingerollt geschlafen hatte, bleibt leer. Petronella vermisst Mira. Es vergeht kein Tag, an dem sie nicht ihren Vater bittet, Mira doch noch zurück zu holen.

Sie versucht es mit allen Methoden. Erst schmollen, dann betteln, mit Wutanfällen, sie ignoriert absichtlich ihren Vater, sie versucht es sogar auf die liebevolle Tour. Nichts hilft.

Und dann steht Weihnachten vor der Tür. Petronellas Vater stellt an Heiligabend wie immer den Tannenbaum auf, und alle schmücken gemeinsam die grünen Äste.

Petronellas Mutter wirbelt in der Küche und auch sie erinnert sich wehmütig daran, dass Mira bis jetzt jedes Weihnachten unterm Tannenbaum gelegen hatte. „Ihr schien ein echter Baum mitten im Wohnzimmer immer sehr zu gefallen", sagt sie.

Oma Anneliese kommt zu Besuch. Und gerade, als alle zusammen sitzen und musizieren wollen, Petronella hat schon ihre Blockflöte in der Hand, kratzt es an der Terrassentür.

Petronellas Vater öffnet und ruft: „Mira, Miralein! Das ist ein Wunder!" Er nimmt die Katze auf den Arm und streichelt sie.

Alle sind sehr überrascht. Denn nun erzählt Petronellas Vater, dass er Mira schon vor Wochen beim Bauern abholen wollte und ihn darum bat, ihm die Katze wieder mitzugeben.

„Der sagte mir aber traurig, dass er ja wollte, wenn er nur könnte, aber dass ihm die Katze davon gelaufen sei."

Mira war also von ihrem neuen Zuhause ausgerissen! Sie hatte wochenlang gebraucht, um wieder nach Hause zu finden!

Nun ist sie ganz abgemagert und ihr Fell ist sehr schmutzig.

Petronellas Vater lässt Mira gar nicht mehr los. Auch das Betteln von Oma Anneliese und von Petronella, die Katze einmal streicheln zu dürfen, hilft nichts. Er will Mira erst ganz für sich haben und allein mit ihr schmusen.

„Du tapfere Katze! Du darfst jetzt für immer bei uns bleiben!", schwört er hoch und heilig unterm Weihnachtsbaum. „Denn ist die Katze fort, tanzen die Mäuse auf dem Tisch."

Alle lachen und feiern zusammen ein
wunderschönes Weihnachtsfest.

Petronella ist überglücklich, dass Mira
endlich wieder da ist und sich wie früher,
nachdem sie sich satt gefressen hat, ganz
dekorativ unter den Weihnachtsbaum legt
und schnurrt.

Die Schildkröte Charlie

Petronella beschließt, ihr Taschengeld aufzubessern. Aber wie? Als sie mit ihrem Fahrrad am Park vorbei fährt und das Mitteilungsbrett der Kirche sieht, hat sie eine Blitzidee.

Schnell radelt sie nach Hause. In ihrem Zimmer schreibt sie in dicken Buchstaben auf ein großes weißes Blatt Papier:

> Petronellas Tierpension begrüßt
> Sie herzlich.

Daneben malt sie einen Hund, eine Katze und eine kleine Maus.

Dann schreibt sie weiter.

Mein Tierasyl bietet Ihnen die Gelegenheit, Ihre Lieblinge gut und günstig unterzubringen. Jedes Tier hat bei mir Familienanschluss. Keine Zwingerhaltung und auf dem großem Grundstück ist genug Platz zum Tollen und Spielen.
Hund pro Tag 3 Euro, Katze pro Tag 2,50 Euro, Meerschweinchen 1 Euro, Hase ebenso 1 Euro. Melden Sie sich bei mir.
Petronella Glückschuh,
Dorfmühlenstraße 1, Bergluch.

Sie nimmt Reißzwecken mit und fährt zurück zum Anschlagbrett der Kirche. Neben die Gottesdiensttermine hängt sie ihr schönes Angebot. „Jetzt muss ich nur noch abwarten, bis jemand kommt", freut sich Petronella.

Aber die Tage vergehen und niemand meldet sich. Doch plötzlich klingelt es, und vor der Tür steht ein alter Mann. „Bist du Petronella?" „Ja, wieso?", fragt sie zurück.

„Ich habe dein Angebot am Kirchenbrett gelesen und möchte mit dir reden."

Zum Glück sind Petronellas Eltern gerade nicht zu Hause. Petronella bittet den Herrn herein. Auf dem Arm trägt er eine Landschildkröte. „Es ist eine alte, griechische Schildkröte, sie heißt Charlie!", sagt er. Er erzählt, dass er seine Schildkröte nicht mehr pflegen könne. Er müsse für längere Zeit ins Krankenhaus und danach zur Kur.

„Du magst doch Tiere! Kannst du sie pflegen, bis ich wiederkomme? Ich werde dich dafür gut bezahlen."

Petronella nimmt die Schildkröte gerne in Pflege und verspricht, sich gut um sie zu kümmern.

Als Petronellas Eltern nach Hause kommen, sind sie überrascht. „Das gibt es doch nicht!", sagt Petronellas Vater.

In diesem Moment klingelt es schon wieder an der Tür. Es ist der Pfarrer Heinz Pohl. Er hält aufgeregt Petronellas Papier in der Hand.

„Liebe Petronella, eine schöne Idee, aber das Brett ist nur für kirchliche Angelegenheiten gedacht."

Petronella nimmt ihm das Papier aus der Hand. „Aber ist es nicht gut, anderen Menschen zu helfen?", fragt sie.

„Selbstverständlich, aber du verlangst Geld dafür, dass du Tiere pflegst", sagt der Pfarrer.

Petronellas Mutter schaut sich das Papier genau an. Sie lächelt. „Den Hund hast du ja toll gemalt", meint sie und wendet sich an den Pfarrer.

„Sammeln Sie nicht auch nach jedem Gottesdienst die Kollekte?"

„Aber immer für einen guten Zweck", antwortet Herr Pohl. Petronella erwidert kurz: „Ich brauche meinen Verdienst auch für einen guten Zweck."

„Für was denn, mein Kind?", fragt der Pfarrer. „Zum Beispiel für die Rettung der vom Aussterben bedrohten Spitzmaulnashörner", antwortet Petronella.

„Das wäre ja eine tolle Sache, aber bitte keine Werbung mehr auf dem Anschlagbrett." Petronella verspricht es.

Sie muss sich nun um Charlie kümmern. Ihre Eltern sind zwar nicht erfreut, dass sie vor vollendete Tatsachen gestellt wurden, aber ihr Vater ist der Meinung, dass Petronella mit ihrer Anzeige, Kreativität und Geschäftssinn bewiesen habe.

Es heißt ja immer, dass Schildkröten sehr langsam seien, aber Charlie kann sich sehr zielstrebig im Garten verstecken. Lässt man ihn nur kurz aus den Augen, ist er mit seinen kräftigen Beinen plötzlich schon viel weiter gekommen, als man es glaubt.

Er liebt Löwenzahn und Salatblätter, Mohrrüben und Gras. Zum Glück dauert es nicht lange und alle Nachbarn wissen, dass Charlie zu Petronella gehört, denn sie fährt ihn sogar mit ihrem Fahrrad vorne im Körbchen spazieren.

„Auch eine Schildkröte muss etwas von der Welt sehen", denkt Petronella.

Manchmal findet Charlie einen Durch-
schlupf im Gartenzaun und spaziert in den
fremden Gärten umher. Dann klingelt es
später an der Haustür und die Nachbarkinder bringen Charlie zurück.

Das Ungewöhnliche an Charlie ist, dass
er seinen Namen kennt. Hat er sich irgend-
wo im Gebüsch versteckt, kann Petronella
ihn rufen, und er wühlt sich tatsächlich

unter großen Blättern im Garten hervor und kommt mit seinem dicken Panzer angelaufen.

Petronella hat lange geglaubt, dass Schildkröten stumm seien, aber seitdem sie Charlie hat, weiß sie, dass Schildkröten rufen können. Charlies Stimme ist eine seltsame Mischung aus Quieken und Fauchen. Das macht er nur zur Begrüßung. Es heißt sozusagen „Guten Tag", oder „Guten Morgen."

Petronella lässt Charlie bei schönem Wetter immer im Garten frei laufen. Als sie ihn eines Tages wieder mit ins Haus nehmen will, bleibt Charlie verschwunden. Sie ruft nach ihm und wühlt unter den Büschen und Sträuchern. Aber nirgends ist von Charlie eine Spur.

„Könnt ihr mir bitte helfen und Charlie mit mir suchen", bittet Petronella ihre Eltern. Aber ihr Vater sitzt gerade am Schreibtisch und muss Arbeiten seiner Schüler korrigieren. Auch Petronellas

Mutter ist beschäftigt. Und Philine ist nicht zu Hause, sie übernachtet heute bei ihrer Freundin.

Petronella ruft Claudia an. Auf sie kann sie sich immer verlassen. Sie wohnt zwei Straßen weiter und steht nur fünf Minuten später vor der Haustür.

„So weit kann die Schildkröte ja noch nicht gekommen sein", tröstet Claudia Petronella und hilft ihr bei der Suche. Sie klingeln gemeinsam bei den Nachbarn und inspizieren jede Nische.

Aber nirgends ist Charlie. „Vielleicht kommt er ja morgen wieder", sagt Claudia. Aber Petronella befürchtet, dass Charlie von irgendjemandem gefunden wurde, der ihn einfach mitgenommen hat. Oder, dass Charlie zu weit weg gelaufen ist und nicht mehr allein nach Hause findet. Sie hat ein schrecklich schlechtes Gewissen, dass sie nicht besser auf Charlie aufgepasst hat. „Was wird der alte Mann wohl sagen, wenn er kommt und seinen Charlie abholen will."

„Philine, Petronella, los, helft mir mal", ruft ihre Mutter. Sie putzt die ganze Wohnung und die Mädchen sollen wenigstens ihre eigenen Zimmer aufräumen. Petronellas Mutter öffnet das Badfenster und schüttelt den Badvorleger aus, als sie es plötzlich unterm Rosenbusch knacken und rascheln hört. Sie sieht aber nichts.

Wieder raschelt es und es bewegen sich die Äste und Blätter. „Charlie!", ruft sie erfreut. Charlie hebt seinen Kopf und quiekt. „Petronella, komm mal ins Bad!"

Petronella ist schlecht gelaunt, weil sie nicht weiß, wo sie die vielen durcheinander

gewürfelten Spielsachen aus ihrem Zimmer hinräumen soll. „Was ist?"

„Schau mal aus dem Fenster", sagt ihre Mutter. Petronella blickt verwundert auf die Straße und sieht nichts. Da hört sie Charlies „Guten Tag".

Schnell rennt Petronella ums Haus in den Vorgarten. Sie hat ihre Schildkröte endlich wieder! Nun will sie besser auf Charlie aufpassen, bis ihr Besitzer wiederkommt.

„Irgendwie seltsam, dass der sich gar nicht meldet", sagt Petronellas Mutter nach einer Weile und räumt dabei die Spülmaschine aus.

„Vielleicht kommt er ja nie mehr", sagt Philine. „Dann können wir Charlie für immer behalten."

Darüber hatte Petronella noch gar nicht nachgedacht. „Ich kann ja mal im Krankenhaus anrufen", schlägt sie vor.

Petronella holt das Telefonbuch. Philine findet die Nummer und ruft gleich an. Dann gibt sie den Hörer weiter an Petronella.

Petronella wird durchgestellt bis sie endlich eine Krankenschwester am Apparat hat, die ihr helfen kann.

„Ja, der war bei uns auf Station. Bist du Petronella? Wir haben hier einen Brief für dich. Darauf stand nur Petronella. Keine weitere Adresse. Ich habe den Brief für dich aufgehoben."

Die Schwester erzählt, dass Charlies Besitzer gestorben sei. Er war schon 89 Jahre alt und hatte keine Angehörigen.

Petronella ist ganz still. „Ich werde kommen und den Brief abholen", sagt sie schließlich.

Petronellas Mama fährt sie zum Krankenhaus. Die Schwester ist eine nette Frau mit dunklen Locken und einer lustigen runden Brille.

Petronella hat ein seltsames Gefühl, als sie den Umschlag im Auto öffnet. Darin stecken 200 Euro und ein kurzer Brief.

„Liebe Petronella, mein Leben geht zu Ende. Ich hatte ein wunderbares, erfülltes Leben. Ich habe versucht, dich telefonisch zu erreichen. Da mir nicht viel Zeit bleibt, schreibe ich. Ich hoffe das Geld reicht, um Charlie ein gutes Zuhause mit leckerem Futter zu bieten. Ich bin mir sicher, dass er bei dir gut aufgehoben ist. Ich danke dir vielmals für deine Hilfe. Der Himmel erhalte deine und Charlies Gesundheit. In aufrichtiger Dankbarkeit, dein Gino Goldschmidt."

Petronella ist überrascht. „Schade, dass ich den Mann nicht besser kannte!"

Petronellas Mutter ist auch erstaunt. „Was du immer Ungewöhnliches erlebst." Dann startet sie den Wagen. „Was willst du nun mit dem vielen Geld machen?", fragt sie. „Deinen Charlie werden wir schon versorgen."

Petronella grinst. „Dann werde ich das Geld zur Rettung der Spitzmaulnashörner spenden."

Noch am gleichen Tag fährt sie tatsächlich mit ihren Eltern zur Bank und füllt einen Überweisungsschein aus. Charlie ist auch dabei. Petronella hat ihn in einem kleinen Korb mitgenommen.

Er gehört nun fest zur Familie Glückschuh. Und das für lange Zeit. Denn Griechische Landschildkröten können 150 Jahre alt werden.

Würmer in Einmachgläsern und Mäuseskelett am Bindfaden

Jede richtige Tierbeobachterin braucht natürlich ein Forschungslabor. Das steht für Petronella fest. Deshalb räumt sie emsig leere Marmeladengläser in ihr Gartenhäuschen. Sie stellt den Campingtisch ans Fenster, fegt den Boden, schraubt in ihrem Zimmer die Schreibtischlampe ab und befestigt sie am neuen Arbeitsplatz im Gartenhaus.

Dann muss sie feststellen, dass es dort keine Steckdose gibt. Nachdem sie kurz nachdenkt, fällt ihr ein, dass im Werkzeugkeller ein Verlängerungskabel für den Rasenmäher liegt. Im Keller ist auch eine Steckdose. „Also ran an die Arbeit", denkt Petronella. So ein Labor einzurichten, kann ganz schön anstrengend sein. Sie kurbelt das Kabel aus dem Keller quer durch den ganzen Garten bis in die hinterste Ecke, denn dort steht das kleine Holzhaus, das

nun kein Gartenhäuschen mehr ist, sondern
ein streng geheimes Forschungslabor.

Petronella schreibt auf ein Blatt Papier:

Zutritt verboten!
Forschungslabor im geheimen Auftrag!

Das Schild klebt sie mit Tesa an die
Labortür. „Endlich ein eigenes Forschungslabor!", freut sich Petronella. Über den
Tisch hängt sie ihren alten Puppenschrank,
in den sie nun eine Pinzette, eine Schere,

eine Lupe, Heftpflaster, den Inhalt ihres Doktorkoffers und Watte griffbereit legt.

Ganz wichtig ist ein leeres Schulheft, denn in dieses müssen nun alle Beobachtungen ordentlich eingetragen werden. Zuerst sollen Regenwürmer genauestens erforscht werden.

In große Einmachgläser füllt Petronella deshalb unterschiedliche Erdsorten. Dann werden die Gläser beschriftet. Komposterde, Blumenbeeterde, sandige Erde. Mit den Marmeladenaufklebern ihrer Mutter geht das hervorragend.

Jetzt muss sie die Würmer suchen. Petronella überlegt, wo es in ihrem Garten

am einfachsten ist, Regenwürmer zu finden. Sie nimmt einen dicken Schraubenzieher aus dem Werkzeugkasten ihres Vaters und hebelt die flachen Natursteine des Grillplatzes am Rand hoch. Dort ist es schattig, feucht und die Würmer bohren unter den Steinen Gänge. Wenn sie schnell eine Steinplatte hochhebt und rasch zugreift, kann sie die Würmer herausziehen, bevor sie im Boden verschwinden.

Petronella sucht extra verschieden große und dicke Würmer.

Nachdem sie neunundsechzig Würmer gesammelt hat, will sie diese erst einmal richtig säubern. Denn in einem richtigen Labor muss alles steril und sauber sein. Sie nimmt ihre Zahnbürste aus dem Bad, eine Plastikschüssel mit etwas warmem Wasser und beginnt, die Würmer vorsichtig zu schrubben. Sie werden schön rosa. Als ihre Mutter Wäsche im Garten zum Trocknen aufhängt, sieht sie ihre Tochter bei dieser ungewöhnlichen Arbeit.

„Igitt, was machst du denn da?"
„Ich putze Würmer!"

„Lass doch die armen Würmer frei, die gehören in die Erde."

„Ich bin ja schon fertig." Petronella nimmt ihre neunundsechzig blank geputzten Würmer mit ins Gartenhäuschen. Sorgfältig muss sie jetzt mit dem Lineal jeden einzelnen Wurm messen und seine Länge ins Heft eintragen.

Es ist gar nicht so einfach, die Würmer am Lineal gerade zu ziehen. Würmer wollen nicht an beiden Enden gezogen werden. Dies ist Petronellas erstes wichtiges Forschungsergebnis.

Bald sind ihre Würmer alle in den Gläsern. Oben auf die Erde pflanzt sie Gras und legt altes Laub und Blätter darauf, damit sie etwas zu Fressen haben.

Am gleichen Tag kann sie ihre Forschungsuntersuchungen noch erweitern, denn ihre Katze Mira hat eine tote Maus auf die Kellertreppe gelegt und nicht gefressen. So ein glücklicher Zufall, denn Petronella Glückschuh will schon lange ein Mäuseskelett.

Den Mäuseschwanz bindet sie an einen hellblauen Bindfaden und hängt die tote Maus kopfüber an einen Nagel über den Eingang vom Labor.

Petronella will sehen, wie lange es dauert, bis die Maus ein Mäuseskelett wird.

Nun kommt Philine und schaut bei Petronella vorbei. „Was machst du?"

„Ich forsche!", antwortet Petronella und zeigt auf ihr Schild.

Philine sieht die tote Maus am Bindfaden. „Das geht so nicht. Du musst einen Waldameisenhaufen suchen und dort die tote Maus reinlegen."

Philine hat die Angewohnheit, über Dinge, die allein Petronellas Sache sind, immer besser Bescheid wissen zu wollen.

„Lass mich nur machen. Das mit dem Ameisenhaufen hab ich nämlich schon mal probiert und nach ein paar Stunden blieb von einem toten Schmetterling, den ich hineingelegt hatte, nichts übrig."

„Na, bei einem Schmetterling kann ja auch kein Skelett übrig bleiben."

„Ach nee, das weiß ich jetzt auch!", entgegnet Petronella. Wütend macht sie die Tür des Gartenhauses zu und fährt Philine an, sie solle sich selbst etwas ausdenken.

Schließlich ist das Gartenhaus jetzt ihr Labor und ihr Reich.

Täglich beobachtet Petronella die Würmer in den Gläsern und auch die Maus am Bindfaden. Es ist schon ein wenig schauerlich, wie die arme Maus mit der Zeit aussieht. Aber so ein Mäuseskelett ist schließlich auch interessant.

Die Erde in den Gläsern befeuchtet Petronella hin und wieder, damit die Würmer nicht austrocknen. Spannend ist, dass die Würmer immer nach oben kommen, wenn Petronella Wasser ins Glas schüttet. Das muss notiert werden.

Am nächsten Tag haben Petronellas Eltern ihre gute Freundin Helga zum Grillen eingeladen. Helga ist so alt wie Petronellas Mutter. Sie ist Grundschullehrerin und Petronella mag sie sehr.

Als die ganze Familie satt gegessen im Garten sitzt, bittet Petronella Helga stolz: „Darf ich dir mal mein Forschungslabor zeigen?"

Helga scheint sehr interessiert. Aufgeregt nimmt Petronella sie mit in ihr Gartenhaus. Sie zeigt ihr die Regenwurmgläser und ihr Schreibheft.

„Das hast du aber schön gemacht", lobt Helga Petronella und lächelt sie freundlich an. „Ich muss dir noch etwas zeigen", sagt Petronella.

Sie blickt zu der Stelle, an der sie die Maus aufgehängt hatte, aber da baumelt nur noch der Schwanz der Maus am Bindfaden.

„Na, hoppla", sagt Petronella, hebt die tote Maus vom Boden auf und hält sie Helga hin.

Die mausetote Maus sieht jetzt sehr jämmerlich aus. Obwohl sie am Faden in der Luft hing, sind kleine dicke Würmchen und Larven an ihrem toten Leib und nur noch wenige Fellfetzen hängen an ihr.

Helga schreit wie am Spieß und rennt in den Garten. Sie bekommt fast keine Luft mehr und ist auf einmal sehr böse.

„Wie kannst du so etwas tun", kreischt sie und schnappt nach Luft. Helga will nicht länger bei den Glückschuhs bleiben. Sie ist völlig aufgebracht und kaum zu beruhigen. Prompt fährt sie nach Hause.

Petronella wundert sich und ihre Mutter erklärt, als Helga mit dem Auto davon braust, dass ihre Freundin sehr große Angst vor Mäusen habe.

„Aber wie kann man sich als Erwachsener vor einer so kleinen toten Maus fürchten?", fragt Petronella verständnislos.

Ihre Mutter erzählt, dass Helga als kleines Kind ein schreckliches Erlebnis mit einer toten Maus hatte.

Helga wollte ihrer Freundin zeigen, wie schnell sie auf einen Baum klettern kann. Geschickt hangelte sie sich empor.

Als sie in einer Astgabel mit den Händen Halt suchte, griff sie plötzlich in etwas Weiches, Feuchtes. Das war eine tote Maus, die ein Raubvogel dort liegen gelassen hatte. Helga erschrak so sehr, dass sie vom

Baum stürzte. „Die Angst vor Mäusen blieb ihr ganzes Leben!"

Petronellas Mutter räumt die Maus weg. „So bekommst du sowieso kein Mäuse-skelett. Die Knochen sind zu klein und hängen doch nicht an einem Stück zu-sammen."

Sie verspricht Petronella, am Wochen-ende mit ihr und Philine in ein Dinosaurier-Museum zu gehen. Dort kann Petronella große Skelette am Stück bestaunen.

„Oh ja, das ist eine super Idee!", freut sich Petronella.

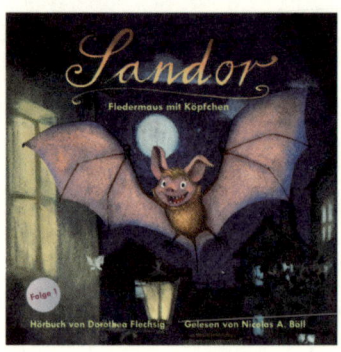

Und so geht es weiter:

Sandor – Abenteuer in Transsilvanien

 Sandor und Jendrik haben einen Schatz gefunden. Von ihrem Finderlohn fahren die Freunde gemeinsam in den Urlaub. Natürlich in Sandors Heimat Transsilvanien.

Hörbuch: ISBN 978-3-00-033045-2

Petronella Glückschuh gibt es auch als Hörbuch gelesen von Kornelia Boje

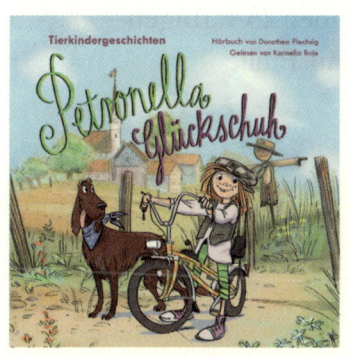 

Hörbuch: ISBN 978-3-00-033046-9

Wissenswertes über Tiere
im Garten

Bei Petronella ist immer etwas los! Viele Tiere fühlen sich bei ihr wohl. In ihrem Garten gibt es tolle Verstecke. Petronella weiß, dass im Kreislauf der Natur alle ihren Platz brauchen. Käfer gehen auf Beutefang nach noch kleineren Insekten und werden, wenn sie Pech haben, gleich selber von Vögeln oder Kröten gefressen. Kröten wiederum müssen sich vor Ringelnattern in Acht nehmen und diese sind eine fette Beute für Greifvögel oder Störche.

Viele Schädlinge im Garten, wie zum Beispiel Läuse, sind das Futter von nützlichen Tieren. Je mehr dieser Nützlinge im Garten einen Unterschlupf finden, desto weniger Schädlinge gibt es. Es ist gar nicht so schwer, diese kleinen Helfer bei ihrer Arbeit zu unterstützen. Und es schont auch die Umwelt. Denn Nützlinge hinterlassen keinen schädlichen Rückstand auf einer Pflanze. Sie im Garten zu haben, ist zehnmal besser, als Gift zu spritzen. Denn Gift schadet Nützlingen und Schädlingen meistens gleichermaßen. Und auch wenn durch ein Gift tatsächlich nur Schädlinge vernichtet werden, ist das nicht gut. Denn nun haben die Nützlinge ja nichts mehr zu fressen. Sie verlassen den Garten und die Schädlinge nehmen bald wieder überhand. Deshalb wird bei der Familie Glückschuh nicht gespritzt und es werden Nützlinge unterstützt.

Vögel, zum Beispiel ganz normale Spatzen, fressen zahlreiche Insekten, Würmer und auch Raupen. Wenn sie dann noch Nachwuchs bekommen und die Jungen gefüttert werden müssen, vernichtet ein Spatzenpaar im Sommer einen ganzen Eimer voller Schädlinge.

Wer Vögel bei dieser Arbeit unterstützen möchte, sollte einen Nistkasten bauen oder kaufen. Bitte darauf achten, dass dieser gut vor Katzen geschützt ist. Jedes Jahr nach der Brutzeit müssen die Häuschen dann gut gesäubert werden.

Maulwürfe lüften den Boden und vertilgen große Menge Insektenlarven und Engerlinge, jeden Tag etwa die Hälfte ihres Körpergewichts. Wurzeln schädigen sie übrigens kaum.

Regenwürmer belüften den Boden und sorgen mit ihren Gängen dafür, dass er das Wasser besser hält. Dadurch, dass sie Minerale von unten nach oben zu den Wurzeln transportieren, geben sie den Pflanzen wichtige Nährstoffe.

Wer einen Regenwurm bei seiner Arbeit unterstützen möchte, darf nicht immer alles Laub zu ordentlich weg harken, denn Regenwürmer lieben verrottete, modrige Blätter.

Ohrwürmer sind richtige Blattlauslöwen und eigentlich gar keine richtigen Würmer, sondern Fluginsekten. Sie bilden eine eigene Ordnung im Tierreich, ähnlich wie Schmetterlinge, Käfer oder Libellen. Die Zange an ihrem Ende dient der Verteidigung und dem Festhalten des Partners bei der Paarung. Sie können über 100 Blattläuse vertilgen und futtert auch Spinnmilben, Insekten- und Schneckeneier.

Im Winter brauchen Ohrenkneifer, genau wie viele andere Insekten, einen geschützten Platz. Zum Beispiel ein Insektenhotel.

Ein **Insektenhotel** lässt sich leicht selber bauen. Dazu füllst du einen Blumentopf mit Heu oder Holzwolle und hängst ihn an einen Baum. Wenn du ein Netz um den Topf wickelst, fällt nichts heraus. Ein Insektenhotel kann auch ein Holzklotz sein, in den mehrere verschieden große Löcher gebohrt werden. Man kann aber auch Stroh und Schilf zu einem festen Stück zusammenbinden und in einen Baum hängen.

Blindschleichen, **Eidechsen** oder **Kröten** vertilgen gerne größere Insekten und sogar Schnecken. Ihr Zuhause sind Haufen aus Ästen, Reisig oder Laub. Eine grob geschichtete Steinmauer oder ein Steinhaufen hat ebenfalls viele Hohlräume, in denen sich Tiere gerne verkriechen und verstecken.